諷詩調詩集・37

풍諷계戒집集・4

박진환 제55시집

지성 · 감성의 메타언어
조선문학시인선 · 373

諷詩調詩集 · 37

풍諷계戒집集 · 4

조선문학사

■ 책머리에

풍시조(諷詩調)는 양극화를 새로운 시적 질서로 이끌어내 합일시키는 합일의 미학이다.

2014년 初夏

박 진 환

박진환 제55시집 / 諷詩調詩集 · 37

풍諷계戒집集 · 4

차례

안될지

박근혜 정부 메인 이미지는 민주・창조・복지가 아닌 불통이다
부정・부조리・부용・불평・불만과 항렬이 같은 불자 돌림
불의 부계는 불행, 모계는 불신, 이러다 코리언 도소지양이나 안될지

※ 도소지양(屠所之羊) : 도살장으로 끌려가는 양이라 함이니 불행한 처지를 두고 한 말.

잿빛 뒤에 뭐가 오더라?

미국 곳간, 이미 바닥났다던데 코리아는 어쩐지?
어쩌긴 빚 500조원이면 바닥난게 아니라 곳간째 내려앉은 거지
쓸 곳은 많고 돈 나올 곳은 없고 느느니 빚, 잿빛 뒤에 뭐 오더라?

뭐더라?

일 아베총리, 인권 짓밟은 위안부 외면하고 여성인권 논했다고?
웃겨, 한입으로 두말하다니 혀가 둘인 셈 아니던가
혀 둘인 것이 뭐더라?

태어나느니 빚쟁이뿐일 텐데

국가빚 500조원, 정작 필요한건 잿빛경제 너머 장밋빛인데 빚이라니
어둠도 짙은 어둠 캄캄한 밤중이구나
밤 깊어 그짓 즐기면 태어나느니 빚쟁이뿐일 텐데

답이 둘이었던 것을

복지·행복 축소 두고 여는 현명한 결단, 야는 국민기만이라던데
둘 다 정답이니 누굴 탓하나
어차피 한국정치엔 예외 없이 하나 아닌 답이 둘이었던 것을

문학작품 닮아선가

답이 둘이면 문제가 잘못됐거나 답이 잘못됐음이다
다답형이 정답이 되는 것은 상상력의 산물인 문학작품뿐이다
다답형 요즘 정치, 작문정치 못면한 것은 문학작품을 닮아선가

※ 작문정치(作文政治) : 시정방침만 늘어놓고 정작 시행하지 못하는 정치를 비꼬아서 이르는 말.

맨날 시끄러울 밖에

국회의 나라 國자 속엔 미정의 뜻 혹 或자가 들어 있지
그래선가 혹가혹불가, 오르니 그르니 입씨름 못면함이
거기다 나라 國자에 입口가 둘 들어 있으니 맨날 시끄러울 밖에

※ 혹가혹불가(或可或不可) : 옳다 하기도 하고 그르다 하기도 하여 어떤 일이 질정(質定)되지 못함을 이름.

대통령이어서지

입이면 입마다 꼬인 현 정국 대통령이 풀어야 한다던데
불통으로 재미본 철학 소통으로 뚫려 풀리겠나
달리 대통령인가, 소통 못뚫으면 소통령, 뚫어 풀면 대통령이어서지

분한 없는 짓이지

엊그제 나라 빚 5백조 원에서 며칠사이 1천조 원 넘어
복지 · 행복연금 축소 연기 잘했군, 잘했어, 빚 먼저 갚아야지
빚으로 복지 · 행복 누리면 분한 없는 짓이지

요즘 신문기사

이석기 · 채동욱 기사에 개성공단 · 금강산 · 복지연금 뉴스 뒤로 밀려
소의인즉 알 권리 · 진실보다 흥미위주 우선하는 언론 플레이
남의 집 불구경 않는 군자 없다※는 말 달리 나왔겠나

※ 남의 집 불구경 않는 군자 없다 : 인간의 행동이란 도덕적 관점보다 흥미적 관점에 더 많이 지배당한다는 우리 속담.

1천조 원 빚쟁이란 것도 함께

염제의 심술 땡볕으로도 태우지 못했던 독오른 나뭇잎들이
스스로를 불질러 태우는 꽃보다 더 아름다운 저 단풍 즐기시게나
각로청수까질 잊고 살 순 없잖은가, 1천조 원 빚쟁이란 것도 함께

※ 각로청수(刻露淸秀) : 가을의 맑고 아름다운 경치.

당단풍

순도 100%의 순수만이 붉힐 수 있는
인위의 페인트로는 칠할 수도 붉힐 수도 없는 무위
아예 퇴화된 부끄러움이 흉내하며 부끄럼도 없이 마주한 당단풍

어둠 안 부르지

결혼·취업·이혼 등으로 황혼이 없다는 서울의 노인들
노인자살률 최고라는 OECD 불명예 씻고 최장수국 차지할 듯
노인천국, 되찾은 명예는 좋네만 그러다 또다른 황혼 어둠 안 부르지

보내거니 떠나거니

한통속 코스모스와 갈대, 혈통도 사촌에 팔촌도 아니지만
울긋불긋 색색인 코스모스와 은빛 머리칼의 늙은 갈대
허지만 둘 다 한 몸짓으로 흔들어 한통속으로 보내거니 떠나거니

끄떡없거든

한국 규제 후진국 수준이라던데 선진국 수준도 있었던가
암 있고말고, 최고가 어디 한두 가지던가
자살률 · 교통사고 · 독서부다 OECD국중 최고자리 끄떡없거든

관을 짜게 한다

찬반의 풀무질이 연단하는 망치질만이 민주주의를 꽃피운다
찬반없는 찬성일변도의 망치질은 민주주의를 병들게 한다
이와 달리 반대일변도의 망치질은 민주주의 관을 짜게 한다

인민을 위한 몽둥이질이어야

옳다고도 하고, 그르다고도 하며 의견 분분해야 국회지
나라國자에 입口자 혹或자 함께 들어 있으니 혹가혹불가 싸울 밖에
싸우다 보면 몽둥이질도, 다만 인민을 위한 몽둥이질이어야

다르지 않거니

심야, 모기를 잡는다, 죽으면서 터뜨리는 붉은 피
죽였다는 짜릿함의 전율과 안도감과 쾌감, 모기뿐이랴
흡혈귀 인간 모기의 착취에 대한 야성의 살기도 다르지 않거니

배신 · 양심 대신할 밖에

복지부장관 사임 놓고 배신이다 양심이다 화두 분분하던데
배신 밥 먹듯이 한 정치 생리 양심과는 상극 아니던가, 허니
양호유환이냐? 부앙무괴냐? 두 의문부로 배신 · 양심 대신할 밖에

※ 양호유환(養虎遺患) : 범을 길렀다가 후에 그 범에게 해를 입는다 함이니
베푼 은혜가 되레 손해를 입게 된다는 사기(史記)에 나오는 말.

※ 부앙무괴(俯仰無愧) : 하늘을 우러러보나 땅을 굽어보나 양심에
부끄러움이 없다는 뜻.

절장보단

애민지치도 좋고, 제세안민도 좋고, 때론 곽휘건단도 좋지만
기술은 안부리기, 그것도 거짓말하는 기술은 더더구나
다만 한가지 꼭 부려야 할, 부리지 않아서는 안될 기술은 절장보단

※ 곽휘건단(廓揮乾斷) : 과단성 있게 정치를 행함.

※ 절장보단(絶長補短) : 긴 것은 끊고 짧은 것은 더 보탠다 함이니 알맞게 맞춘다는 중용지도(中庸之道)를 이르는 말.

큰 결점 지녀야 하는구나

철학도 좋고, 민주도 창조도 좋지만 불통·우왕좌왕은 안 좋지
안 좋다면 결점이란 뜻인데 큰 결점은 위인들만 가진다던가
만부지망의 위인 되려면 큰 결점 지녀야 하는구나

※ 만부지망(萬夫之望) : 모든 사람들이 존경하고 우러러보는 존재라는 뜻.

자유는 아니거든

채동욱 전 검찰총장 혼외친자니, 임여인이니 어쩌고 저쩌고 짹짹짹
한국인 상상력 과히 천재급, 시 썼으면 노벨문학상 따는 당상
허나 상상력은 정신의 자유지, 가정까지 즐기라는 자유는 아니거든

그 불똥 안 튕길지

미 17년 만에 예산처리 못해 연방정부 폐쇄

오바마 비타협・강공정책 때문이란 공화당 주장 따윈 관심 밖이고

미국 닮길 워낙 좋아하는 코리아라 행여 그 불똥이나 안 튕길지

죽을 4 들어있구먼

한국노인 하루에 11명꼴 자살, OECD국가중 자살률 최고 과시한 셈
서울 노인 결혼·이혼·취업 등으로 황혼 모르고 산다던데 웬 잿빛
하루 11명이면 1년에 4천여 명, 숫자에도 죽을 4 들어있구먼

호척용나 즐기는 꼴들이라니

여・야 국회에서 한판 붙던데, 전엔 구경거리였지만 지금은 아냐
죄다 이마 찡그리거든, 한국이 주름 많은 노인천국인건 그 때문이야
그보다는 무슨 영웅이나 된 듯 호척용나 즐기는 꼴들이라니

※ 호척용나(虎擲龍拏) : 범과 용이 싸운다는 뜻으로 영웅끼리 서로 싸운 것을 비유한 말.

작문정치가 그러하지 않던가

노인빈곤층 OECD국가 중 한국노인이 최상위
노인복지연금 두고 그림의 떡이라고 군침만 삼키는 허리 휜 노인
눈요기로 주린배 채울 수 없다함이니, 작문정치가 그러하지 않던가

소음 아닌 굉음차원이어서

정상회담 대화록 존재, 부재로 여야 공방이 한창
공방 거꾸로면 방공, 있건 없건 방공이면 같은 목소린데
한마디도 화음 못내는 여야 불협화음은 소음 아닌 굉음차원이어서

자랑 아닌가

노인복지 · 노인빈곤 OECD국가 중 한국노인이 최하위
그 어찌 다행 아니겠나, 자살률 · 복지투자율 · 교통사고 등
등위 매겼다하면 최고 따는 당상인데 최하위라니 자랑 아닌가

덕치 덕행 될 텐데

세상엔 과도 많고 선도 많고 말도 많고 많고 또 많던데
그중에서도 취모멱자 즐기는 위정자들, 덕행일지? 그 반대일지?
반대 안되려면 남 허물덮고 제 허물 먼저고쳐야 덕치 덕행 될텐데

※ 취모멱자(吹毛覓疵) : 남의 잘못을 꼬치꼬치 캐내어 찾아냄.

그곳

더불어 살자, 입으로는 상생상생 입버릇처럼 떠들어도
끝내는 너 죽고 나 살자 죽자살자판
어느 곳 풍속이 그러하더라? 동물의 왕국도, 원시 밀림도 아닌 그곳

쥐어박는 꼴이어서

일 터질 때마다 논객들 세상 만난듯 떠들어대 브라운관 터질 듯
그래봤자 상식에서 한두발 차이, 그것 아니면 저것인데
무순 탁견인양 소리높여 떠들어대니 아픈 골머리 쥐어박는 꼴이어서

어쩐다니

날마다 귀 따가운 정치판 소음으로 아픈 골머리
청음·복음 바라는건 아니지만 소음이 대음 빰쳐서
안그래도 기가 막혀 숨죽이고 사는데 귀까지 막히면 어쩐다니

희극 · 비극 못 면한 걸

고령화 속도 코리아 세계 최고, 반대로 노인복지는 최하
최고 · 최하; 극과 극이 어디 한두 개던가
남북에 여 · 야; 영 · 호남도 극과 극, 희극 · 비극 동시상연의 꼴이라니

국제 잣대여서

미, 일본 집단자위권 행사 중국견제용으로 인정
문제는 대일 잣대 다르고 대한 잣대 다른 미국 잣대
허긴 자국이익에 좇아 잣대 눈금 달리하는 게 국제 잣대여서

여야

불통 · 분통 · 불똥은 악연의 사촌지간

한울타리 이웃하고 살면서도 외면하고, 터뜨리고, 옮겨 붙는

앙숙처럼 얻어 밟다하면 삿대질이니 배 산으로 갈밖에

여

천하일색 여인천하

앞장선 수장 황우도 여

그뿐이 아니여, 세상은 지금 현대판 춘추전국시대 여

야

외유도 아니고, 외출도, 외도도 아닌 외톨이
외자돌림 외면에 외로움까지 동행
한길가 목도에 앉아 旅毒 아닌 與毒 푸는 심야의 野心

여야만

상생은 옛말, 지금은 너 죽고 나 살자여
애민애족 그거 빈말, 지금은 죽이고 죽는 죽자살자 판이야
태평성대, 말짱 구식, 지금은 정쟁에서 살아남은 승자 여야만

될 것을

군비축소에 역할의탁까지, 꿩 먹고 알 먹고 미국식 전략
그러다 일본 콧대 양코보다 높아지면 어쩐다
어쩌긴 뭘, 중국 군사 콧대 성형하면 될 것을

안 뽑을지

청와대 인사위원회를 식물상태라고 비꼬았던데
그 많은 공직 식물인간들이 어찌 가려 뽑을지 걱정이네
그보다는 초록은 동색이라고 혹여 식물인간이나 안 뽑을지

여의도 양반들

미 의원들 연방정부 폐쇄기간엔 세비 안 받겠다고?
안 받고도 받은 것보다 더 멋지고 떳떳하고 값지니 선망의 적
선망의 적은 못돼도 서로 싸우는 적은 안돼야지, 여의도 양반들

깍쟁이다

아내는 매일 밤 투전판 벌이듯 주판알 투전놀이를 한다
화투에도 구경꾼에게 주는 개평이란 게 있는 법인데
밤새 들여다봐도 개평이라곤 없는 아내는 갈루이상의 깍쟁이다

※ 갈루이상(葛屢履霜) : 여름에 신은 갈루신을 겨울에도 신는다는 뜻으로 인색함을 뜻하는 말.

식상해 NLL

NLL, 정치처방에도 감초
쓴맛 입가심으로 썼던 것이 가시기는커녕 목에 걸린 가시
국민들 아픈 목 가시 내뱉듯 하는 말, 식상해 NLL

피깨나 흘리겠네

동부·한진그룹, 동양사태 이후 타켓

활로 치면 명중을 위한 과녁

경제 심장에 화살 꽂히면 피깨나 흘리겠네

글쎄

박근혜 대통령 지지율 60%대에서 50%대로 하락
이유인즉 인사·복지 등 리더십을 들던데, 리더십 중에서도 불통
불통에서 소통, 소통에서 대통으로 이어져야 정도행인데, 글쎄

그것이 달러여

미, 일에 중국, 한에 북녘 의뢰한 이중 잣대
잣대만이 아니라 눈금도 달러, 눈금 달리할 때마다
혈맹 · 동맹의 전매특허품 빛깔도 달러, 그것이 달러여

분통 자아내게 한 불통

양건 전 감사원장, 채동욱 전 검찰총장, 진념 전 복지부장관
퇴임사 각각 표현은 달라도 한 목소리 들어 있었어
그게 뭐냐고? 분통 자아내게 한 불통

고고자허

영어로 고고는 빨리빨리, 댄스에선 막춤
불교에선 온갖 고통, 처지로는 외롭고 가난함
정치판에서 즐겨쓰는 고고는 고고자허

※ 고고자허(孤高自許) : 자기만이 고결하다고 자부함.

야옹, 공양하란다

북한산 노적사 입구에 들어서자 보살 한분 점심공양 하라신다
준비해간 점심 있어 그늘 골라 자리 폈더니 야옹이 먼저 맞는다
서당개 3년이면 풍월한다더니, 공양 엿들었는지 야옹 공양하란다

풍시조(諷詩調)

諷詩調는 악을 향해 펜 대신 던지는 창 끝에 독을 묻힌 투창이다
날 세운 시린 칼날의 비수다, 정조준으로 당기는 방아쇠다
악에 감행하는 처절한 시의 복수, 복수의 시학, 諷詩調

가려지고 없어지고 지워지거든

표정도 너무 자주 바꾸면 진짜 얼굴 가려지고
의상도 너무 자주 갈아입으면 진짜 멋 없어져
화면도 그래, 너무 자주 뜨면 귀함 지워지거든

억장

한글 세계화 단돈 2억 원이 없어 중단
2억이면 있는 사람 과자 값인데 과자 값이 없어서
한글 세계화 중단됐다니 억억, 억이 없어 무너지는 억장

맛 간지 오래거든

한글 세계화 중단됐다고 탓할 것도, 애석해할 것도 없어
국제적 위상이전에 국내에 푸대접 받은지 어제오늘 일 아니거든
TV고, 간판이고 노랑말에 물들어 짬뽕돼 맛 간지 오래거든

콧방귀만 뀌어서

여당대표 국회연설, 증세 없는 복지 되풀이시던데
녹음테이프인가, 앵무샌가, 어디선가 많이 들어본 말이데
새로운 게 있어야 귀 열고 기울이는 법인데 귀는커녕 콧방귀만 뀌어서

귀 닫은지 오래인 국민

이석기 사건, 채동욱 사건, 국정원 · NLL 사건 등등
당사자인 검찰 대신 정치권이 우지좌지 콩 튀고 팥 튀고
안 그래도 입口자 두 개로 시끄러운 국회에 귀 닫은지 오래인 국민

잣대

미 민주 · 공화나, 한 여 · 야나, 국제관계 한 · 일이나 한반도 남 · 북이나
매끄럽지 못한 껄끄럽긴 매한가지
매한가지 아닌 것도 있지, 눈금도, 치수도 서로 달리한 잣대

기 못 펴는데

세종대왕님 단돈 2억이 없어서 한글 세계화 중단했답니다
열없습니다만 혹 가지신 돈 있으면 지원 좀 해주시지요
허긴 밖으로 내보내면 뭘합니까, 안에서도 노랑말에 기 못펴는데

노랑말은 어쩔 건데

세종대왕님, 오늘은 20년 만에 부활된 한글날, 기쁜 소식과 함께
2억이 없어 한글세계화 중단했다는 나쁜 소식도 아뢥니다
부활도, 세계화도 좋다만 말마다 섞어 쓰는 노랑말은 어쩔 건데

이를 두고 한 말이었거니

정치의 궁극은 지배자가 되는 것
지배자가 되기 위해선 정치 기술인 속임수가 필연
옛분들의 말씀 양두구육은 이를 두고 한 말이었거니

※ 양두구육(羊頭狗肉) : 양머리를 내걸고 개고기를 판다함이니 속임수를 이름.

사과 맛

사과 맛이 쓰고 고소하다고 하면 미쳤다고 하겠지?
시큼달콤한 맛으로는 맛볼 수 없는 쓰고 고소한 사과 맛
무슨 사과 맛이 그러냐고? 대통령 사과

단풍잎들밖엔 없거든

요즘 정치인들 물든 단풍잎 앞에 하면 무슨 생각을 할까?
생각은 무슨, 앞에 서봐야 생각이라도 하지
여의도엔 추락을 예비하는 단풍잎들밖엔 없거든

성토해서

동양그룹 피해자들, 금감원에 몰려가 눈감아줬다고 성토
눈감으면 코 떼어가는 세상인데, 정작 금감원은 높은 콧대
코 떼인 피해당사자인 투자자만 납작코 못 면한 억울함 성토해서

최하위 못 면할 텐데

한국 대학진학률 OECD국 중 최고
향학열이냐? 교육열이냐? 학문추구열이냐? 열이면 뭘 하고
최고면 뭘 하나, 등위 매겼다하면 취업률 최하위 못 면할 텐데

김삿갓

난고, 호값인지 바람으로 떠돈 생은 고난
병연은 삿갓 쓴 죄인 이름인데 되레 병든 세상이 앓았던 염병
부끄러워 하늘가린 머리엔 삿갓, 등에는 짊어진 마음의 봇짐 부앙무괴

※ 부앙무괴(俯仰無愧) : 하늘을 우러러도, 땅을 굽어봐도 한점 부끄러움이 없음.

김삿갓 묘에서

세상 비웃고 비판·고발하며 부끄러운 하늘 삿갓으로 가리시고
諷字놀이 즐기시며 부앙무괴 등에 한 낭인이셨던 난고선생
오늘은 저리 천랑기청이니 삿갓 벗으시고 한잔 술 받으소서

※ 천랑기청(天郎氣淸) : 하늘 명랑하고 기는 맑음.

깜도 장난감이지

한국정치를 마키아벨리즘에 빗대이는 논객있데
목적달성을 위해선 악마도 성서를 인용할 수 있다하지 않던가
악마짓 즐기기 위해선 마키아벨리즘쯤 인용은 깜도 장난감이지

삿갓 씌워 그늘 드리워서야

난고정신 기려준다는 김삿갓문학상엔 난고정신 들어있지 않고
정신 아닌 정신만 들어있으니 삿갓이라도 씌워 가려야할 판
삿갓 벗겨 청명 씌워야할 상에 되레 삿갓 씌워 그늘 드리워서야

공기업이지

공기업부채 500조원 넘어 빚쟁이 중 빚쟁이
빚쟁이 주제에 임·상여금은 공무원 앙뺨 치는 우대 수준
달리 공기업이겠나, 공공연히 공짜놀음 즐긴다고 공기업이지

공기업이라 한 게야

공기업이 왜 빚쟁이 된 줄 아시나?

투자실패, 공돈 쓰듯 공금 써서, 틀린 말 아닌데, 진짜론

빚 끝자리 수에 해마다 ○ 추가해 빚 늘린다고 공기업이라 한 게야

절류 그리는 심사라니

불리하면 발목잡고 늘어져 바쁜 발길 막고
유리하면 붙든 소매 뿌리쳐 메별하는 여・야
당명 좇아 차고 뿌리치는 비정의 발길, 절류 그리는 심사라니

※ 절류(折柳) : 버들가지를 꺾어주고서 다시 만날 것을 기약하는 중국의 옛일에서 유래한 사람을 배웅하며 헤어지는 일.

한 분이 빠진 것 같아서

세계경제는 지금 미 경제대통령 옐런, IMF 라가르드 총재
독일의 메르겔 총리에 미 힐러리 클린턴까지 여인천하
못 낀 건지, 열외인지 한 분이 빠진 것 같아서

60%는 넘어서지 않겠나

미국인 60% 의원 전원교체 희망으로 셧다운에 분노표출
미국 흉내 즐기는 전염성 120%인 코리아의 반응은 어떨지
닮은꼴에선 미에 뒤진 적 없으니 60% 넘어서지 않겠나

탈 수 있을 텐데

미는 일본 손들어주고, 중은 한국 손들어주고
두 손 중 한손도 들어주지 않아 어깨 축 쳐진 북녘
두 손 다 들면 영웅에 노벨평화상도 탈 수 있을 텐데

청룡포에서

겹겹 산허리 둘러 담 쌓고, 굽돌이 강물로 울타리 친 유배지 청룡포
이름 하여 복당인데 생지옥 못 면한 슬픔과 그리움 노을로 걸린
그날의 청송가시엔 잠들지 못한 500년 한 독으로 박혀 번져있네

분수 밖이지

한국 내년 경제 아시아 주요국 중 최하위권
창조경제, 민주경제 처방으로도 잿빛전망 못 면할 듯
허리띠 졸라매야할 판에 장밋빛 복지 꿈이면 분수 밖이지

민족성이어서

악성 댓글 즐기며 후련하다는 반응들
가학을 쾌감으로 즐기다니 악성 댓글 아닌 악성 취미
허긴, 남 잘되는 것 보면 앓는 악성 배앓이가 민족성이어서

손톱을 깎으며

흙 만지고 파고 일구면 손톱 자라날 틈이 없지
신통할 것도 없는 머리만 손 대신 쓰니 백발에 대머리 못 면하지
아무러면 어떻나, 마음엔 깎지 못하는 손톱 긴 늙은이 살고 있는데

하늘이거든

단풍지고, 낙엽지고, 인생도 지고
지고 지고 또 져서 어디로 가나? 천당
至高 至高 至高면 귀천, 하늘이거든

망상 못 면할 판

풍악에서 삼각, 삼각에서 내장 · 한라산으로 단풍 남하하면
한많은 가슴앓이 풍기, 풍으로 풍 치유해 풍기 면할까
면한 것관 달리 붉은 군대의 남하 꿈꾸는 북녘, 도진 망상 못면할 판

죽을 사자 사동 아니던가

설악엔 벌써 눈이 왔다고? 뭐가 반갑다고 서둘러 왔니
안 그래도 한반도 남·북에, 여·야에, 한랭기류 삼동인데
눈 겹치면 삼동 아닌 사동, 거문고 탈일 없으니 죽을사자 사동아니던가

※ 사동(絲桐) : 거문고의 이칭.

우문우답이었으니 그럴 밖에

1분 답변 위해 하루 허비한 국감기업인 증언 놓고 비판일성
한마디 증언 국익에 보탬이 된 금언이었다면 하루쯤 대수겠냐만
하루만 허비해버린 우문우답이었으니 그럴 밖에

너나 잘해 면박 못 면해

국감 지켜보며 언론들 성토하듯 국회의원 특권 안내려놓는다고?
세비 30% 삭감 공약 되레 20% 높인 국회, 특권은 특권이지
그 맛에 금배지 즐기는데 특권 내려놓으라면 너나 잘해란 면박 못면해

국거리감 기업

기업을 무슨 국감의 국거리감쯤으로 아는 걸까
소금 뿌리고, 고춧가루 풀고, 마늘 다지듯 으깨 넣어 섞으니
필경 섞어찌개 못 면하는 국감의 국거리감 기업

감감감

어느 대통령은 정치를 감으로, 어느 대통령은 철학 내세우던데
감으로도 정치하기는 하는가봐, 요즘 국회 국감이 감 아니던가
영감, 땡감, 안줏감, 회감 등등 술맛나게 하는 감감감 국감

인간불량품들

원전불량부품 · 위조서류 · 잘못 갈아 낀 인간불량
포장만 달리해 끼워넣은 인간 부품 CEO가 저지른 전력난
캄캄한 야음타 원전 전원삼아 불 밝히고 갈아 끼운 인간불량품들

눈감원이 맞네

국감원 파헤칠수록 눈감고 아웅한 야음성
눈뜨고도 코 떼이는 세상에 눈감고 있었다니
세인들이 하는 말 금감원 아닌 눈감원이 맞네

남의 일 같지가 않아서

미 연방정부에 대한 미국인 반응 실망·분노가 85%

강 건너 불구경 아닌 것이

남의 일 같지가 않아서

수감자감이어서

국감원 수감자 침묵으로 묵묵부답, 말귀를 못 알아듣는 건지
귀와 입 다물기로 작심한 건지, 그렇긴 해도 거짓 위증보단 양반
거짓 위증에 침묵일관이면, 受監者 아닌 收監者감이어서

나가라고 떠밀어도 안 나가

야당 또 장외투쟁, 잘 길들여진대도 여 맹비난
싸움 일삼는 집구석에 있기 답답하면 밖으로 나돌기 일쑤
집구석 편안해 봐, 나가라고 떠밀어도 안 나가

작문정치 못 면한 건 그때문인 걸

타는 단풍 앞에 하고 정치판에 식상한 사람들 하는 말
"여의도 사람들 안됐어, 사시사철 싸움질밖에 모르니
꽃피건 단풍들건 그림의 떡이지, 작문정치 못 면한 건 그때문인 걸"

꽹과리소리만도 못해

한일안보 정책회의 때 일 자위권 행사 따지겠다고?
물 건너갔어, 미국이 이미 손들어 준 것을 어쩌려고
처진 어깨로 등 돌려 뒷북쳐봤자 북소리 꽹과리소리만도 못해

나팔 불고 북치기 일쑤이니

옛 우임금, 오음으로 정사를 다스렸다는데 그 첫째가 북이었다고
요즘 나랏님들은 꽹과리 · 징소리 · 나팔소리만 요란한 소음 차원
그나마 행차 지나간 뒤에야 나팔 불고 북치기 일쑤이니

있었던가?

언론에 국정원을 검찰의 무덤이라 했던데
걸렸다 하면 죽음 못 면한단 뜻인가? 아니면 죽은 목숨이란 뜻인가
생목숨 앗아가는 생매장, 그런 묘역도 있었던가?

돌아갈 마을이 없어서

전국 방방곡곡 죄다 헌마을 면할 줄 알았더니
새마을운동 운운 하는걸 보면 아직도 헌마을 많은 모양
허나 잊고산지 오래인 향수의 순수로 돌아갈 마을이 없어서

정치거문고 만드시지

국회 청문회서 야 거악이란 말 자주 쓰던데
클巨자 거악이면 큰大자 대악과도 같은 크기일 터
백결선생님 大惡 아닌 碓樂으로 탄주할 정치거문고 만드시지

※ 대악(碓樂) : 신라 때 백결선생이 지었다는 노래로 지금은 전하지 않음.

폐선으로 떠 있는지

대운하의 꿈 4대강 보로 막아버렸으니 물에 수장한 셈
청계천 물줄기와 대운하 물줄기를 착각하시다니
四大江 死大江 된지 오래인데 그 꿈 폐선으로 떠 있는지

천치지

나라 밖은 패권주의 무기경쟁으로 소음 아닌 광음천지
나라 안은 정쟁과 청문회 · 촛불집회로 불협화음 천지
천지가 이러한데 조용하게 살기 바라면 천지 아닌 천치지

풍자놀이 즐길 밖에

칼은 칼로 불은 불로 막는다는 옛분들 말씀 좇아
악은 악, 입은 입, 힘은 힘으로 다스리는 힘이 지배하는 세상
가진 것이라곤 펜밖에 없으니 펜 놀려 풍자놀이 즐길 밖에

기라는 거지

검찰 길들이기란 말 자주 쓰던데 더 길들여지면 어찌될까?
어쩌긴, 시녀 · 하인 신세 못 면하지
결론인즉 고분고분 주인 말씀 좇아 기라는 거지

뻰자 내미는 꼴

미 멕시코·프랑스 등 우방 비밀도청 탄로
즐기는 재미 중 비밀리에 듣는 도청, 비밀리에 지켜보는 관음 있지
그러고도 얼굴 붉힐 줄 모르니 전매특허품 뻰자 내미는 꼴

•

박진환 시인은 전남 해남 출신으로 동국대 국문학과를 거쳐 중앙대 대학원을 졸업(문학박사)했다. 1960년 동아일보 신춘문예(詩) · 1963년 自由文學(문학평론)으로 문단에 데뷔했고, 국제PEN한국본부 사무국장 및 이사, 한국문협 고문을 역임했다. 제9회 시문학상, 제3회 비평문학상, 펜문학상, 윤동주문학상 등을 수상했고, 한서대학교 교수 및 예술대학원장을 역임했으며 현재 월간『조선문학』발행인 겸 주간으로 있다. 중요 저서로는 시집에『귀로』,『사랑법』,『꽃시집』,『三行詩抄』Ⅰ~Ⅺ『諷詩調』,『박진환시전집』Ⅰ · Ⅱ · Ⅲ · Ⅳ · Ⅴ · Ⅵ · Ⅶ,『物神時代』Ⅰ · Ⅱ · Ⅲ · Ⅳ · Ⅴ,『동굴일지』Ⅰ · Ⅱ · Ⅲ · Ⅳ · Ⅴ,『2012년 8월』에서『2013년 7월』까지,『풍계집 · 1』에서『풍계집 · 25』까지 76권의 시집이 있고 평론집으로『한국현대시인론』,『현대시론』,『21C시학과 시법』등 다수와『한국시의 공간구조 연구』,『21C 시학』,『시창작론』,『諷詩調詩學』외 다수의 역저가 있다.

•

조선문학시인선 373

諷詩調詩集 · 37

풍諷계戒집集 · 4

2014년 8월 20일 인쇄
2014년 8월 30일 발행

지은이 / 박진환
발행인 / 박진환
펴낸곳 / 조선문학사
등록번호 / 1-2733
주소 / 120-853 서울 서대문구 통일로 389(홍제동)
전화 / 02-730-2255
팩스 / 02-723-9373

ISBN 978-89-98115-63-0

정가 10,000원

※ 인지는 저자와 합의 하에 생략
※ 잘못된 책은 서점에서 교환해 드립니다.